AF496033

ÉTUDE SUR LA JURISPRUDENCE

RELATIVE AUX

DROITS DES LOCATAIRES D'IMMEUBLES

COMPRIS DANS UNE EXPROPRIATION POUR CAUSE D'UTILITÉ PUBLIQUE

SPÉCIALEMENT DES LOCATAIRES SANS BAUX ÉCRITS

§ 1er.

ORIGINE DE LA JURISPRUDENCE

En 1844 l'expropriant (ville de Paris) a contesté à un locataire son droit à une indemnité parce qu'il ne justifiait pas d'un bail ayant date certaine par l'enregistrement. Le Tribunal de la Seine par jugement du 30 mars 1841 a repoussé la prétention de la Ville et décidé que l'indemnité, hypothétiquement fixée par le jury, était due au locataire.

Ce jugement, confirmé avec adoption de motifs par arrêt de la Cour de Paris du 3 mai 1845, est fondé principalement sur ce que : « Les « principes *sur la date des baux* ne peuvent être appliqués à une « matière toute spéciale et qui est réglée par des dispositions excep-« tionnelles. »

C'était une saine doctrine.

Mais la Cour de cassation, statuant sur le pourvoi de la Ville contre le locataire Labbé, par arrêt du 2 février 1847, a cassé l'arrêt de la Cour de Paris comme ayant « admis une exception au droit commun, « qui n'a pas été créée par la loi et par suite ayant violé les articles « 1315, 1328, 1341 du Code civil combinés avec les articles 1714 et « suivants sur la manière dont les baux doivent être faits. »

Un autre motif de l'arrêt de 1847 est ainsi conçu: « Attendu que le « défendeur au pourvoi, qui réclamait une indemnité en vertu de baux « dont la durée, suivant lui, avait été portée à 18 ou 20 années consé-« cutives, était nécessairement obligé d'en justifier l'existence et les « conditions par un acte ayant date certaine contre l'État, à qui l'in-« demnité était demandée et qui était devenu, par l'application de la « loi sur l'expropriation, *propriétaire* des immeubles donnés à bail à « une époque antérieure. »

La jurisprudence a continué pendant plusieurs années à prendre pour base de ses décisions ce principe que, par le jugement d'expropriation, la partie publique expropriante se trouve substituée aux droits de la partie privée expropriée, de la même manière qu'un *acquéreur* ordinaire, même à l'égard des locataires; de telle façon que le locataire n'a point droit à indemnité tant que l'expropriant ne l'évince pas ou ne le trouble pas dans sa jouissance (arrêts du 24 février 1854 Cass., du 6 mai 1854 Paris, du 7 août 1854 Cass.).

Ce principe est expressément formulé dans un arrêt de la Cour de Paris du 16 mai 1854, en ces termes :

« Considérant que l'État ou la Ville qui exerce le droit d'expropria-
« tion, en vertu de la loi du 3 mai 1841, est un *acquéreur*, et qu'en
« l'absence de dispositions contraires de la loi, il a les *mêmes droits*
« que l'acquéreur par contrat amiable. »

<h2 style="text-align:center">§ 2.</h2>

L'EXPROPRIANT N'EST PAS UN ACQUÉREUR

Il importe de démontrer que le principe admis par l'arrêt du 16 mai 1854 est erroné. Il a en effet exercé et il exerce encore une influence directe ou indirecte sur l'appréciation des difficultés suscitées par la pratique entre les expropriants et les expropriés.

Les droits de l'acquéreur, par contrat amiable, d'une chose louée, sont écrits dans les articles 1743 à 1750 du Code civil et soumis à des règles assimilées à celles du simple contrat de vente, ainsi que l'exprime l'article 1743 : « Si le bailleur *vend* la chose louée. »

Le contrat de vente repose sur trois éléments : une chose, un prix et un consentement réciproque.

Or, le droit d'expropriation exercé en vertu de la loi du 3 mai 1841 est fondé sur la règle d'intérêt public qui était formulée, à cette date de 1841, par l'article 9 de la Charte de 1830 (conservé dans la Constitution de 1848) : « L'État peut exiger le *sacrifice* d'une
« propriété pour cause d'intérêt public légalement constaté, mais avec
« une *indemnité préalable*. »

Le mot *sacrifice* exclut l'idée de consentement; l'expression *indemnité préalable* représente un dédommagement, la compensation du sacrifice, et implique ainsi un tout autre sentiment que le prix représentant la valeur de la chose.

Donc, dans le fait de l'expropriation d'une chose pour utilité publique en vertu de la loi de 1841, on ne trouve pas de prix et surtout pas de consentement. D'où il suit qu'il n'y a pas de vente, pas de vendeur et pas d'acquéreur.

D'où il suit encore que l'expropriant n'est pas substitué, comme le serait un acquéreur, dans les droits et obligations du propriétaire bailleur à l'égard des locataires de l'immeuble.

L'erreur de l'arrêt du 16 mai 1851 est manifeste quand il veut appliquer les règles du droit commun, en matière de contrat de vente, aux rapports nés de l'expropriation pour utilité publique.

Ces rapports ne sont point engendrés par un contrat.

Tout contrat suppose le concours de deux volontés, ayant pour mobiles des intérêts privés, qui se réunissent pour s'imposer une loi réciproque et se soumettent au droit commun dans tous les points qu'ils ne règlent pas spécialement par leur convention.

Au contraire, l'expropriation qui n'a en vue que l'*intérêt public* n'admet le concours d'aucune volonté dictée par des intérêts privés. Cette situation est en dehors de toutes les combinaisons prévues par le droit commun. Il fallait donc une loi spéciale pour déterminer comment l'utilité publique devra être constatée.

Cette loi établie en 1833 a été refondue en 1841, puis modifiée par le sénatus-consulte du 25 décembre 1852. Elle prescrit (art. 3) que toute déclaration d'utilité publique par le pouvoir législatif ou le pouvoir exécutif, sera précédée d'une enquête administrative, dont les formes sont réglées par des ordonnances royales des 18 février 1834, 15 février et 23 août 1835. Dans ces enquêtes les intéressés, c'est-à-dire surtout les futurs expropriés, ne peuvent que soumettre des observations, et non pas formuler des volontés.

L'utilité publique est ensuite constatée et déclarée par une loi ou une ordonnance (1), et les localités ou territoires sur lesquels les travaux doivent avoir lieu, sont désignés par cette loi ou ordonnance, ou par un acte du préfet (art. 2, loi de 1841).

Alors seulement intervient l'arrêté du préfet qui détermine les *propriétés particulières* auxquelles l'expropriation est applicable. (Même article 2.) Cet arrêté est aussi précédé d'une enquête réglée par le titre II de la loi (art. 4 à 12); les parties intéressées peuvent encore fournir leurs observations ; une commission spéciale les examine et donne son avis. Mais, bien loin que les personnes desquelles va être *exigé le sacrifice* de leur propriété aient le droit de manifester une volonté, elles sont exclues de la commission consultative. (Article 8 de la loi.)

C'est seulement lorsque toutes ces formes, qui ne rappellent en rien les formes des contrats, ont été accomplies, que le pouvoir judiciaire intervient pour opérer l'expropriation. Un jugement est rendu sur la réquisition du ministère public et sans que les expropriés soient

---

(1) Depuis le sénatus-consulte du 25 décembre 1852 jusqu'à la fin de l'Empire, c'est un décret impérial qui a remplacé la loi ou l'ordonnance.

appelés pour formuler un consentement ou un refus. Il ne peut être attaqué que par la voie du recours en cassation et seulement pour incompétence, excès de pouvoir ou vices de forme. (Loi de 1841, art. 1, 2, et titre III, art. 14 à 20.)

Ce jugement commande obéissance à tout le monde et particulièrement aux expropriés.

Comment peut-on voir en tout cela les éléments d'une *vente*, pour transformer l'expropriant en un *acquéreur?*

§ 3.

L'EXPROPRIANT NE DEVIENT PAS PROPRIÉTAIRE DE L'IMMEUBLE

Il est logique que l'expropriant ne devienne pas un *acquéreur* par la forme de son titre qui est le jugement d'expropriation, parce que, au fond, il n'a pas pour but de devenir propriétaire de la chose expropriée; il n'est que l'instrument de l'utilité publique. Le jugement fait sortir la chose du domaine privé de l'exproprié, mais il n'en confère point réellement la *propriété* à l'expropriant; car l'expropriant n'aura pas le droit défini par l'article 544 du Code civil : « Art. 544. La *pro-* « *priété* est le droit de jouir et de *disposer* des choses de la *manière la* « *plus absolue,* pourvu qu'on n'en fasse pas un usage *prohibé* par les « lois ou par les règlements. »

C'est précisément l'inverse qui résulte du jugement d'expropriation pour cause d'utilité publique : l'expropriant *ne peut disposer* de la chose *que* pour l'usage *déterminé* par la loi, l'ordonnance ou le décret qui a prescrit l'expropriation en déclarant l'utilité publique.

Telle est la conséquence non-seulement de la loi constitutionnelle garantissant les droits des propriétaires, mais encore du principe fondamental écrit dans l'article 545 du Code civil : « Nul ne peut être « contraint de céder sa propriété; si ce n'est pour cause d'utilité pu- « blique, et moyennant une juste et préalable indemnité. »

L'article 60 de la loi de 1841 prouve l'exactitude de notre observation. En effet il institue, à l'égard de l'exproprié, la sanction des prescriptions législatives et constitutionnelles en lui donnant le droit de demander la remise des terrains qui n'auront pas reçu la destination d'utilité publique.

Le 11 février 1840, la Cour de Bourges a très-nettement défini le sens de l'article 60 : « La disposition de cet article, dit l'arrêt, n'est « au fond que la juste révivification du droit de propriété, dont l'ex- « proprié n'a été dépouillé *que sous condition*; et la condition ne se « réalisant pas, l'exproprié a le droit de rentrer dans son immeuble; « ce droit sérieux et parfaitement défini ne peut être paralysé ni « devenir illusoire par aucune cession ni aliénation. »

Il est vrai que cet arrêt a été cassé le 29 mars 1842 ; mais le motif de la cassation a été que l'autorité judiciaire n'était pas compétente pour annuler un arrêté du préfet qui avait rétrocédé le terrain dont il s'agissait ; qu'elle aurait dû surseoir à juger la réclamation de l'exproprié, jusqu'à ce qu'il eût été statué administrativement sur l'arrêté du préfet. De sorte que l'arrêt de cassation n'infirme point la valeur du motif de l'arrêt de la Cour de Bourges.

§ 4.

LA CONSERVATION DES BAUX SERAIT INCOMPATIBLE AVEC LA DESTINATION ABSOLUE DE L'IMMEUBLE
EXPROPRIÉ POUR CAUSE D'UTILITÉ PUBLIQUE

Il est donc certain que le jugement d'expropriation ne confère pas à l'expropriant la qualité d'*acquéreur* ni celle de *propriétaire*, avec les conséquences que le droit commun attache à ces qualités.

Cette considération suffit à démontrer que l'arrêt de Paris du 16 mai 1854 a commis une erreur dans le motif suivant qui interprète l'article 21 de la loi de 1841 :

« Considérant qu'on ne saurait induire des dispositions de l'article
« 21 de ladite loi une *dérogation aux règles du droit commun* ;
« Qu'en effet, en imposant au propriétaire l'obligation de faire con-
« naître à l'administration ses fermiers et locataires, le législateur a
« eu seulement en vue d'accélérer la marche de la procédure d'expro-
« priation, et que cette disposition, introduite dans l'intérêt de l'admi-
« nistration, n'a pu avoir pour effet de la priver du bénéfice que lui
« assurait le *droit commun*. »

C'est parce qu'il assimile complétement l'expropriant à un *acquéreur* que l'arrêt cherche dans le droit commun, c'est-à-dire dans l'art. 1750, la faculté pour l'expropriant d'expulser, sans dommages et intérêts, le locataire dont le bail n'a pas date certaine ; mais il devrait alors trouver dans le droit commun, c'est-à-dire dans l'art. 1743, l'obligation pour l'expropriant de conserver le locataire avec bail à date certaine ; ce qui est impossible, car le respect du bail serait incompatible avec la destination absolue de l'expropriation pour cause d'utilité publique. Ce qui prouve une fois de plus que l'expropriant n'est pas un *acquéreur* ni un *propriétaire* selon le droit commun.

Il n'est point exact de dire, avec l'arrêt, que l'art. 21 de la loi spéciale ait pour unique but d'accélérer la marche de la procédure. Son but est exprimé par la disposition finale du premier paragraphe :
« Sinon (c'est-à-dire si le propriétaire n'a pas appelé les locataires et
« ne les a pas fait connaître à l'administration) le propriétaire restera
« seul chargé envers les locataires des indemnités que ces derniers
« pourront réclamer. »

Il ne faut point séparer l'article 21 de l'article 39 qui précise l'obligation de l'expropriant quant à l'indemnité : « Art. 39. Le jury prononce des *indemnités distinctes* en faveur des parties qui les réclament à des titres différents, comme propriétaires, fermiers, *locataires*, usagers et autres intéressés dont il est parlé dans l'article 21. »

L'expropriant est donc tenu d'indemniser tous les intéressés, notamment les locataires. Mais il ne les connaît pas nécessairement. C'est pour qu'il les connaisse exactement que la loi a obligé, par l'art. 21, le propriétaire à les notifier à l'expropriant. Et l'accomplissement de ce devoir imposé au propriétaire est sanctionné par la fin de l'art. 21 qui met l'indemnité à la charge du propriétaire s'il n'a pas dénoncé le locataire à l'expropriant.

§ 5.

RÉSUMÉ DE LA DISTINCTION LÉGALE ENTRE L'EXPROPRIANT ET UN ACQUÉREUR

Il faut donc tenir pour certain que l'expropriant pour cause d'utilité publique n'est point un *acquéreur* semblable à l'acheteur prévu par le Code civil au titre *De la Vente* (art. 1582 et suivant). L'expropriant n'a de commun avec un acquéreur que le fait de succéder à la possession.

Sous tous les autres rapports, il s'en distingue absolument. Une savante dissertation de M. le professeur Cabantous dans le *Journal du Palais*, tome II de 1864, page 5, résume ainsi cette distinction :

1° L'acquéreur a pour titre la volonté du précédent propriétaire; — l'expropriant a pour titre la loi, l'expropriation, nonobstant la volonté contraire de l'exproprié. (Loi de 1841, art. 1, 2, 14.)

2° Le vendeur qui n'a pas stipulé la faculté de rachat ne peut jamais obliger l'acheteur à lui rétrocéder le bien vendu ; — l'exproprié, lorsque les terrains ne reçoivent pas la destination d'utilité publique pour laquelle ils ont été pris, peut en exiger la remise dans les conditions déterminées par l'art. 60 de la loi de 1841.

3° L'acquéreur est tenu de maintenir la jouissance du locataire qui a un bail authentique ; — l'expropriant n'est pas tenu de cette obligation qui l'empêcherait d'appliquer l'immeuble à sa destination d'utilité publique.

4° L'acquéreur reçoit l'immeuble vendu avec tous les droits réels qui le grèvent et est obligé de subir indéfiniment ceux de ces droits qui constituent de véritables démembrements de la propriété; il ne peut s'affranchir des priviléges et hypothèques qu'au moyen des formalités de la purge et au risque d'être dépossédé par l'exercice du droit de surenchère ; — l'expropriant reçoit l'immeuble exproprié franc et quitte des droits réels proprement dits, aussi bien que des priviléges et hypothèques, sans autre formalité que la transcription du jugement d'expropriation, sans qu'aucune surenchère soit possible, et sous la seule condition d'indemniser pécuniairement les divers ayants droit. (Loi de 1841, art. 16, 17, 18, 21, 39.)

§ 6.

SITUATION DES LOCATAIRES DONT LES BAUX N'ONT PAS DE DATE CERTAINE

Parmi les divers ayants droit, auxquels est due une indemnité, figurent incontestablement le propriétaire et le locataire ; mais on a hésité, dans la pratique judiciaire, à reconnaître que l'expropriant doive au locataire une indemnité distincte de celle qu'il paie au propriétaire, alors que le locataire ne produit pas un bail ayant date certaine.

Cette question a notamment occupé deux fois la Cour d'appel de Lyon en 1855.

Le 16 mars de cette année-là, la deuxième chambre de la Cour a jugé que l'expropriant est un acquéreur ; qu'en cette qualité et comme étant aux droits et obligations du propriétaire vis-à-vis du locataire, il ne peut point être considéré comme un tiers vis-à-vis de ce dernier ; qu'en conséquence l'article 1328, stipulant que les actes sous seing privé n'ont de date contre les tiers que du jour où ils sont enregistrés, bien qu'ils soient obligatoires entre les signataires et leurs représentants, est applicable dans tous les cas d'expropriation publique, parce que la loi de 1841 n'a pas fait d'exception à la règle de cet article formant l'une des bases de notre droit civil ; que l'article 21 n'est pas une objection parce qu'il ne prescrit que de simples formalités dont aucune n'est à la charge de l'expropriant ; que le bail écrit sous seing privé, qui est valable entre le bailleur et le preneur, malgré le défaut d'enregistrement, peut être rompu par un événement de force majeure tel que l'expropriation qui est un fait du prince ; que si le locataire peut trouver dans le dommage souffert à raison de ce fait le principe d'une indemnité à réclamer du prince, qui serait un tiers quant au bail, le preneur ne pourrait la poursuivre qu'en remplissant les conditions imposées par le droit commun à toute personne qui veut agir contre un tiers.

Le 7 août 1855 la quatrième chambre de la Cour de Lyon a statué en sens contraire. Voici les termes de son arrêt :

« La Cour, — sur la première question :

« Attendu que l'indemnité préalable est la condition nécessaire au point de vue de l'équité, la justification, de l'expropriation pour cause d'utilité publique ; qu'elle est due non-seulement au propriétaire exproprié, mais aux fermiers et *locataires*, et à *quiconque subit une dépossession au nom de l'intérêt public* ;

« Attendu que le législateur, — qui a réglé la condition des locataires vis-à-vis du nouveau propriétaire, soit en cas de vente volontaire (art. 1743 et suivants du Code Nap.), soit en cas d'expropriation par suite de saisie immobilière (art. 684, Code de pr. civ.), en distinguant entre les baux qui ont et ceux qui n'ont pas date certaine,—ne fait aucune distinction de ce genre dans la loi spéciale sur l'expropriation pour cause d'utilité publique ;

« Que ce silence ne se comprendrait pas si le législateur avait voulu, faisant violence à des habitudes publiques bien connues de lui et fondées sur la tolérance de la loi elle-même (art. 1714, Code Nap.), subordonner l'indemnité due au locataire dépossédé pour cause d'utilité publique à l'enregistrement ou à toute autre circonstance de nature à donner au bail une date certaine ;

« Mais qu'en examinant attentivement l'économie de la loi du 3 mai 1841, on reconnaît que, si cette loi n'a fait aucune distinction entre les locataires pourvus ou non d'un bail ayant date certaine, c'est que son intention était, en réalité, de n'en point faire ;

« Attendu en effet que, dans les combinaisons de cette loi, l'indemnité revenant au locataire est, en principe, à la charge du propriétaire, et qu'à l'égard de celui-ci la circonstance que le bail n'est pas enregistré ou n'a pas date certaine n'est évidemment d'aucune considération ;

« Qu'à la vérité l'article 21 de la loi du 3 mars 1841 permet au propriétaire de s'exonérer de cette charge, en se substituant l'administration expropriante dans le règlement de l'indemnité due au locataire ; mais qu'il est manifeste que la loi n'a pas entendu par-là empirer la condition du locataire, mais seulement éviter des circuits inutiles ;

« Et qu'ainsi, dans l'intention de la loi, l'administration expropriante, substituée à l'obligation du propriétaire, est tenue d'indemniser le locataire dans la même étendue que le propriétaire lui-même ;

« Qu'il résulte de là que, si l'administration ou la compagnie expropriante peut être assimilée à un acquéreur, elle ne peut être assimilée qu'à l'acquéreur obligé par le contrat de remplir les engagements du vendeur envers le locataire ;

« Qu'effectivement la dénonciation du locataire, faite par le propriétaire dans les termes de l'article 21 de la loi du 3 mai 1841, n'a pas d'autre sens que celui d'une obligation imposée à l'administration d'exonérer le propriétaire de ses engagements envers le locataire ;

« Attendu qu'une interprétation contraire produirait les conséquences les plus choquantes et les plus iniques ; qu'il en résulterait que, dans le cas d'un bail non enregistré, le locataire, qui devrait recevoir une juste indemnité si cette indemnité était réglée avec le propriétaire, n'en recevrait aucune si le règlement se faisait avec l'administration ou la compagnie expropriante ;

« Que l'administration ou la compagnie qui, si elle n'avait à compter qu'avec le propriétaire, devrait nécessairement tenir compte à celui-ci de l'indemnité qu'il aurait à payer au locataire, serait déchargée de cette obligation par le seul fait que le propriétaire aurait dénoncé son locataire ;

« Et qu'en définitive le sort du locataire dont le bail n'aurait pas date certaine dépendrait du fait et de la volonté du bailleur, ce qui serait contraire non-seulement à l'équité, mais aux principes les plus essentiels du droit commun ;

« Qu'il n'y a pas lieu de s'étonner que le législateur n'ait pas relevé, dans la loi spéciale sur l'expropriation pour cause d'utilité publique, une distinction qui, eu égard à l'économie générale de cette loi, aurait produit de pareils résultats ;

« Attendu qu'il y avait une autre et décisive raison pour que la loi du 3 mai 1841 ne s'attachât à aucune distinction entre les baux ayant ou n'ayant pas date certaine, c'est que le pouvoir discrétionnaire dont elle investissait le jury, en le déclarant juge de la sincérité des titres et de l'effet des actes qui seraient de nature à modifier l'évaluation de l'indemnité (art. 48), était, à ses yeux, une garantie suffisante contre les fraudes, en même temps qu'une manifestation de sa volonté de faire prévaloir l'équité sur les règles mêmes du droit rigoureux, dans le règlement des indemnités motivées par l'expropriation pour cause d'utilité publique ;

« Qu'il résulte de ce libre arbitre donné au jury, et qui a paru être dans la nature même de l'institution, que la loi n'a voulu soumettre à aucune règle absolue la détermination de l'indemnité, et que le jury n'est pas plus obligé de rejeter, comme frauduleux, un bail non enregistré, qu'il n'est forcé d'admettre comme sincère un bail enregistré ou ayant date certaine;

« Que rien ne serait donc plus contraire à l'esprit et à l'économie de la loi du 3 mai 1841 qu'une doctrine d'après laquelle le non enregistrement d'un bail serait par lui-même, et indépendamment de tout indice de fraude, une cause de déchéance pour le locataire dans son droit d'indemnité;

« Attendu que Valat, locataire, en vertu d'un bail dont la sincérité n'est pas même déniée, des lieux qu'il occupait dans l'une des maisons expropriées pour l'exécution de la rue Impériale, en a été dépossédé en vertu de la loi sur l'expropriation pour cause d'utilité publique;

« Que cette *dépossession lui a ouvert* un droit à une indemnité dont l'appréciation rentrait dans la compétence souveraine du jury, telle qu'elle a été organisée par les articles 48 et 52 de la loi du 3 mai 1841;

« Que cette indemnité a été fixée par le jury à 38,000 francs, et qu'il n'appartient pas à la Cour de réviser cette évaluation ni d'en contrôler les éléments. »

On peut justement critiquer, dans cet arrêt, l'énonciation de l'opinion « que, dans les combinaisons de la loi de 1841, l'indemnité revenant au locataire est, en principe, à la charge du propriétaire. » Cela n'est point exact, puisque l'article 39 de la loi dit expressément : « Le jury prononce des indemnités distinctes en faveur des parties qui « les réclament à des titres différents, comme propriétaires, fermiers, « *locataires*, etc.; » et l'article 21 dispose que « le propriétaire *restera* « *seul chargé envers les locataires* des indemnités que ces derniers pourront réclamer, » dans le cas seulement où il aura omis d'appeler et de faire connaître ces locataires à l'administration expropriante. Il n'est donc pas, en principe, chargé de l'indemnité, ce que rien ne justifierait; il n'en est chargé qu'accidentellement, comme sanction de son obligation de mettre l'expropriant en mesure d'accomplir le devoir de payer, préalablement à sa prise de possession l'indemnité que lui imposent l'article 39 de la loi spéciale et l'article 545 du Code civil.

Quoi qu'il en soit, l'arrêt décide formellement que le locataire n'est pas tenu de justifier d'un bail écrit ayant date certaine pour pouvoir réclamer une indemnité de l'expropriant et la faire fixer par le jury.

Il ne paraît pas que la ville de Lyon se soit pourvue contre cet arrêt, car les recueils ne mentionnent aucun arrêt de la Cour de cassation sur cette espèce.

Dans la pratique, l'administration qui exproprie ne conteste plus le

droit à l'indemnité distincte pour le locataire nanti d'un bail écrit,
non enregistré, et exempt de fraude.

§ 7

À QUELLE ÉPOQUE LE LOCATAIRE PEUT-IL EXERCER CONTRE L'EXPROPRIANT SON DROIT
DE RÉCLAMER UNE INDEMNITÉ ?

L'exercice de ce droit à l'indemnité ne prend-il naissance qu'au
moment de l'éviction du locataire, de telle sorte qu'en laissant le
locataire en jouissance, sans démolir l'immeuble, jusqu'à la fin de son
bail, l'expropriant puisse se dégager de l'obligation de lui payer une
indemnité ?

La Cour de Paris, statuant en chambre du conseil sur une demande
en désignation d'un jury spécial, conformément à l'article 30 de la loi
de 1841, avait jugé l'affirmative le 26 juillet 1856.

« La Cour, considérant que, si les immeubles dans lesquels sont les localités
occupées par Vital, Rault et consorts, ont été expropriés pour ouvrir des abords
au boulevard de Sébastopol, il est constant que la ville de Paris, usant du droit
qui lui appartient, n'a pas encore entrepris ces travaux ;
« Que non-seulement lesdits Vital, Rault et consorts n'ont éprouvé aucun
trouble dans leur jouissance, mais qu'aucune notification ne leur a été adressée
indiquant qu'ils auraient à subir une éviction quelconque ;
« Qu'ainsi les circonstances qui seules autoriseraient une action à fin d'indemnité n'existant pas, c'est à tort qu'une décision est intervenue pour la convocation d'un jury conformément à la loi du 3 mai 1841 ;
« Reçoit le préfet opposant à l'arrêt du 5 juillet 1856 ; dit qu'il n'y avait pas
lieu à convocation de jury. »

La Cour de cassation a cassé cet arrêt, le 6 août 1857, par les motifs
suivants :

« Vu les articles 23, 30, 39 et 55 de la loi du 3 mai 1841 ;
« Attendu que les maisons désignées étant comprises entièrement dans l'expropriation prononcée par le jugement du 27 octobre 1855, le droit à l'indemnité
était ouvert tant aux propriétaires qu'à tous locataires desdites maisons et intéressés légalement avertis et désignés ;
« Attendu qu'à défaut d'offres d'indemnité, auxdits locataires et intéressés,
ainsi désignés ou intervenus, de la part de l'Administration, aux termes de l'article 23 précité, l'article 55 précité donne aux parties, — ce qui comprend lesdits locataires et intéressés aussi bien que les propriétaires, — le droit de provoquer le règlement de l'indemnité que la loi leur attribue, après six mois
écoulés ;
« D'où il suit que les demandeurs ont été bien fondés à réclamer après
ledit délai, devant la Cour impériale, la désignation du jury qui devait y
statuer ;
« Attendu que l'Administration n'était ni recevable ni fondée à s'opposer à
cette désignation du jury qui n'est qu'un acte préliminaire de la procédure

spéciale établie par la loi de 1841 pour le règlement des indemnités, — sous prétexte que les demandeurs n'étant pas troublés *actuellement* dans leur jouissance des lieux, à raison de ce que la ville n'aurait pas entrepris encore les travaux, n'avaient droit à aucune fixation d'indemnité; que cette question, qui portait sur les droits résultant, pour un locataire, de l'expropriation pour cause d'utilité publique, c'est-à-dire sur les effets des baux existants après que l'expropriation a été prononcée, était une question litigieuse sur le fond du droit qui, aux termes de l'article 39 de la loi précitée, devait être renvoyée devant qui de droit, sans arrêter la procédure quant à la fixation conditionnelle de l'indemnité;

« Attendu d'ailleurs que la Cour impériale, saisie en la Chambre du conseil de la demande en désignation d'un jury, présentée par les demandeurs en vertu d'une disposition spéciale de ladite loi, ne pouvait qu'y faire droit sur la justification du jugement d'expropriation, accompagnée de la justification des qualités des requérants et de l'accomplissement des formalités préalables, sans qu'il en résultât pour elle compétence à l'effet de statuer dans cette forme sur un litige affectant le fond du droit, que la loi avait réservé à la justice ordinaire; et qu'elle ne pouvait priver ainsi les parties des deux degrés de juridiction et des moyens réguliers et légaux d'y débattre leurs droits.

« Attendu, en conséquence de tout ce que dessus, que la Cour impériale, par l'arrêt attaqué, en recevant en la forme et au fond l'opposition du préfet de la Seine, et en rapportant son précédent arrêt du 5 juillet 1856 sur le motif que les demandeurs n'auraient reçu aucune notification et n'auraient pas été troublés dans leur jouissance, a excédé sa compétence, et en tous cas violé les articles précités de la loi du 3 mars 1841; — Casse, etc. »

Cet arrêt est entièrement conforme à un précédent arrêt de la même Cour, en date du 27 juillet 1857, cassant un autre arrêt de la Cour de Paris, du 5 juillet 1856, dans une affaire Fabre.

La question que nous examinons, de savoir si le fait de l'éviction est nécessaire pour ouvrir l'exercice, par le locataire, de son droit à l'indemnité, n'est pas tranchée par les arrêts de 1857; toutefois on y trouve bien des motifs qui pourront être utilement invoqués pour faire décider la négative.

§ 8

Mais ce que la Cour de cassation consacre absolument, par ses arrêts de 1857, c'est le droit de comparaître devant le jury et même de le faire constituer, pour tous ceux qui justifient de leur qualité de locataires, et qui prétendent faire fixer une indemnité conditionnelle dans le cas où leur droit à l'indemnité est contesté.

La Cour de cassation, chambre civile, a confirmé cette doctrine par deux arrêts identiques des 11 juillet, 30 août 1859, au profit de MM. Bernardin et Crest contre la ville de Paris, et renvoyé ces affaires devant la Cour de Rouen.

Cette Cour ayant, les 12 janvier et 22 mars 1860, jugé conformément à la doctrine de la chambre civile, la chambre des requêtes a rejeté les

pourvois de la ville par un arrêt du 12 juin 1860, dans lequel elle a ajouté ce motif : «que s'il en était autrement, les transactions inter-
« venues entre l'administration et les propriétaires expropriés auraient
« souvent pour résultat de compromettre et même d'annihiler entiè-
« rement les droits à l'indemnité que la loi accorde aussi bien aux
« locataires qu'aux propriétaires. »

Enfin le droit pour le locataire d'intervenir devant le jury, quand il n'y a pas été appelé, pour obtenir la fixation d'une indemnité condi-tionnelle ou hypothétique, — sauf certains cas où il a encouru certaines déchéances, faute d'observer en temps prescrit des formalités essen-tielles, et sous réserve de la discussion de son droit, au fond, devant les tribunaux compétents, — est consacré par de nombreux arrêts, de-puis 1841 jusqu'en 1873. D'ailleurs il n'est plus habituellement con-testé par l'administration.

§ 9

LE JUGEMENT D'EXPROPRIATION POUR CAUSE D'UTILITÉ PUBLIQUE EMPORTE LA RÉSOLUTION
IMMÉDIATE DES BAUX.

Reste toujours la question de savoir si *l'éviction réalisée est indispen-sable* pour donner droit à l'indemnité au profit du locataire. Cette question se confond avec celle de savoir si le *jugement* d'expropriation pour cause d'utilité publique emporte ou non *la résolution immédiate des baux.*

La jurisprudence est aujourd'hui tellement fixée qu'il serait vraiment difficile de contester la résolution immédiate et absolue du contrat de location par le seul fait du jugement prononçant l'expropriation d'un immeuble pour cause d'utilité publique, dans les termes de l'ar-ticle 14 de la loi du 3 mai 1841.

Cependant il n'est pas inutile de rappeler les circonstances dans les-quelles s'est formée cette jurisprudence. On en comprendra ainsi la so-lidité et on en tirera comme conséquence forcée le droit à l'indemnité pour tous les locataires, même pour ceux qui n'ont pas de bail écrit.

C'est après le rejet du pourvoi de la ville de Paris contre les arrêts de Rouen, par la chambre des requêtes de la Cour de cassation, en date du 12 juin 1860, que MM. Bernardin et Crest ont obtenu la réunion d'un jury pour fixer le montant de leur indemnité. Mais la ville de Paris refusait de reconnaître qu'il fût rien dû à ces locataires; de sorte que l'indemnité n'a été fixée que d'une façon hypothétique et pour le cas où le droit des locataires serait consacré par les tribunaux compétents.

Il fallut donc s'adresser au Tribunal civil de la Seine, et le 25 août 1860 ce tribunal a rendu le jugement qui est devenu la base de la ju-risprudence ultérieure.

La prétention de la ville de Paris était qu'en laissant le locataire en possession des lieux loués jusqu'à la fin de son bail, elle pouvait se dispenser de lui payer une indemnité, parce qu'elle aurait ainsi respecté le contrat de location. Le Tribunal a décidé le contraire. Voici les motifs de ce jugement qui ont trait à la résolution *de plano* des contrats de location, par le seul effet du jugement d'expropriation pour cause d'utilité publique.

« Attendu que, si l'on doit reconnaître que cet immeuble est passé aux mains de la ville comme frappé d'expropriation pour cause d'utilité publique, on doit reconnaître en même temps que le jugement d'expropriation a eu pour effet d'anéantir et d'annuler tous les baux, et de substituer au droit de bail un simple droit à l'indemnité ;

« Attendu que si, du consentement de toutes les parties contractantes, une convention synallagmatique avait été annulée, évidemment elle ne pourrait revivre que d'un consentement réciproque ;

« Attendu qu'au cas d'expropriation les baux se trouvent *annulés de plein droit* par une disposition formelle de la loi et comme conséquence nécessaire et légale de l'expropriation, qu'il ne peut donc appartenir à l'une des parties de faire revivre ce qui n'a plus d'existence, et que si des baux peuvent être maintenus, ce ne peut être que comme conséquence d'une convention nouvelle qui ne peut se former que par le consentement réciproque des parties contractantes ; que l'on ne peut soutenir que cette disposition qui annule les baux n'est édictée qu'en faveur de la partie expropriante, et qu'il est loisible à cette dernière de ne pas en user ;

Attendu, en effet, que la loi ne peut être interprétée lorsque le sens en est clair, précis et formel ; qu'il ne s'agit pas d'un droit de résiliation facultatif, mais d'une *annulation de plein droit*, qu'il ne peut appartenir à aucune des parties de ne pas accepter ;

« Attendu que chacun est juge de son intérêt, et qu'un locataire ne peut être tenu de conserver une location qui se trouve annulée, et dont, conséquemment, on n'a plus le droit de lui imposer la continuation. »

Par ces motifs, le Tribunal a déclaré que MM. Bernardin et Crest étaient fondés à réclamer le paiement des indemnités hypothétiques fixées pour chacun d'eux par le jury d'expropriation.

Sur l'appel interjeté par la ville, la Cour de Paris a confirmé ce jugement par arrêt du 7 mai 1861. Les motifs du jugement ont été reproduits dans des termes presque identiques.

On pouvait reprocher à ces décisions d'avoir disposé comme si la loi contenait une prescription textuelle déclarant que les baux sont résolus par le fait du jugement d'expropriation, tandis que la difficulté est née précisément de l'absence d'un texte explicite.

Mais la Cour de cassation, en rejetant par arrêt du 16 avril 1862 le pourvoi de la ville de Paris, a nettement formulé les raisons juridiques qui justifient l'affirmation de droit, écrite dans le jugement de 1860 et l'arrêt de 1861.

Arrêt de la Cour de cassation du 16 avril 1862.

« La Cour, sur le premier moyen tiré de la fausse application de la loi du

3 mars 1841, et spécialement de l'article 14 de cette loi, de la fausse application de l'article 545 Code Napoléon, et de la violation des art. 1184, 1738, 1741, 1722 du même code, en ce que l'arrêt attaqué aurait à tort déclaré acquis à des locataires, par le seul effet du jugement d'expropriation pour cause d'utilité publique, le droit à une indemnité d'éviction, avant qu'aucun acte émané de l'expropriant les ait troublés dans leur possession, et malgré la déclaration à eux notifiée qu'il respecterait leurs baux et entendait les laisser jouir des lieux jusqu'à leur expiration ;

« Attendu que le jugement qui prononce l'expropriation pour cause d'utilité publique a pour *effet immédiat et nécessaire de résoudre tous les droits* dont peut être grevé l'immeuble exproprié, et de le faire passer entre les mains de l'expropriant affranchi de toute charge de nature à en entraver la disposition ;

« Que la loi du 3 mai 1841 le dit expressément des *droits réels*, dans son article 18 qui porte que les actions en résolution ou revendication et toutes autres actions réelles ne pourront *arrêter l'expropriation* ni en *empêcher l'effet*, et que le droit des réclamants sera transporté sur le prix, l'immeuble en demeurant affranchi ;

« Que telle est également la conséquence de l'article 17, en ce qui concerne les droits de privilége et d'hypothèque qui se trouvent *purgés par le seul effet de l'expropriation*, sans que les créanciers inscrits puissent exiger autre chose que la fixation de l'indemnité sur laquelle seule désormais ils ont à exercer leur action ;

« Attendu qu'il ne saurait en être autrement des *droits des locataires, qui, s'ils survivaient au jugement d'expropriation, en paralyseraient momentanément l'effet* et feraient obstacle à l'exécution des travaux, dont l'urgence et la nécessité dans l'intérêt général pouvaient seules justifier une aussi grave atteinte à la propriété ;

« Que vainement on objecte que, l'indemnité ne pouvant jamais être que la représentation d'un dommage éprouvé, le droit à une indemnité ne s'ouvre pour le locataire que du jour où, troublé dans sa jouissance par l'expropriant qui prétend l'expulser des lieux loués, il est réellement évincé du bénéfice de son bail ;

« Qu'une pareille doctrine est inconciliable avec *l'article 55 de la loi de 1841* qui suppose le *droit à une indemnité acquis à toutes les parties intéressées dès* l'instant où est intervenu le jugement d'expropriation ; qu'en effet la disposition de cet article est absolue ; qu'elle ne comporte aucune distinction, et s'applique dans sa généralité *aux locataires comme à tous autres intéressés* ;

« Qu'il est si peu dans la pensée de la loi de subordonner l'action du locataire à la dépossession effective et réelle que l'expropriant resterait libre d'ajourner indéfiniment, — qu'elle l'autorise, comme tous les autres ayants droit, à prendre l'initiative et à poursuivre lui-même le règlement de son indemnité, lorsque six mois se sont écoulés depuis le jugement d'expropriation, sans que l'expropriant ait rien fait pour en provoquer la fixation et se mettre ainsi en mesure d'user de son droit ;

« Attendu que s'il était vrai que l'expropriation n'atteint pas les baux en cours d'exécution et que les locataires ne sont évincés et n'ont par conséquent droit à une indemnité que du jour où l'expropriant les a expulsés, celui-ci n'aurait aucun titre contre eux et devrait subir les baux jusqu'à leur expiration, la loi de 1841 n'admettant dans aucune de ses dispositions qu'il puisse de nouveau se pourvoir en justice pour obtenir un jugement qui les dépossède ;

« Attendu qu'il est également inadmissible que, ainsi que le prétend le pourvoi, les baux ne soient immédiatement résolus par l'effet du jugement d'expropriation qu'à l'égard et dans l'intérêt de l'expropriant, et qu'ils continuent d'obliger les locataires jusqu'au moment où celui-ci juge opportun de les expulser ;

« Que, pour accepter une doctrine aussi contraire au droit commun, il faudrait la trouver consacrée par une disposition expresse et spéciale qui n'existe pas dans la loi; qu'en l'absence de toute stipulation contraire, le bail, comme tous les contrats synallagmatiques, ne peut cesser d'être obligatoire pour l'une des parties sans cesser de l'être pour l'autre; qu'a dater de l'expropriation le locataire serait, dans le système du pourvoi, à la merci de l'expropriant, ne conserverait qu'une possession précaire désormais substituée à celle que son contrat lui assurait pour un temps déterminé; qu'il serait ainsi évincé de droit avant de l'être de fait; et que la loi n'a pas pu vouloir lui imposer sans indemnité, une situation qui altérerait trop profondément son droit pour ne pas équivaloir à une expropriation;

« Attendu que, dans la vérité des principes, le *bail résolu* pour l'expropriant *par l'effet du jugement* que lui a transmis la propriété l'est également *de plein droit pour le locataire au profit duquel s'ouvre immédiatement une action en indemnité*; qu'il ne pourrait revivre que par un contrat nouveau pour la formation duquel le consentement de toutes les parties serait nécessaire, et que l'expro-priant ne saurait par sa seule volonté en imposer la continuation au locataire, et paralyser ainsi l'exercice d'un *droit qui lui est définitivement acquis*;

« Qu'il suit de là que, dans l'espèce, le demandeur excipait vainement, contre l'action des défendeurs éventuels tendant à obtenir le paiement des indemnités hypothétiquement fixées par le jury, de sa déclaration, à eux notifiée à deux reprises différentes, qu'il entendait respecter leurs baux et les laisser jouir paisiblement des lieux loués jusqu'à l'expiration du temps convenu;

« Que cette déclaration, d'ailleurs, dont l'effet restait toujours subordonné aux exigences de l'intérêt public qu'il ne dépendait pas du préfet de compromettre, ne pouvait être obligatoire pour la ville et laissait les locataires dans une situa-tion précaire qu'ils n'ont jamais acceptée et contre laquelle ils n'ont cessé de pro-tester;

« Qu'ainsi c'est à bon droit que l'arrêt attaqué, sans avoir égard à cette dé-claration, a condamné la ville à payer aux sieurs Crest et Bernardin l'indemnité par eux réclamée;

« Sur le second moyen, tiré de la violation des articles 1134, 1722, 1738 et 1759, Code Nap., ledit moyen consistant à prétendre que l'arrêt attaqué aurait violé le contrat et les principes en matière de tacite reconduction en n'allouant à la ville de Paris, pour prix de la jouissance des lieux loués, que de fait les défen-deurs éventuels ont conservée depuis le jugement d'expropriation, qu'une somme inférieure aux loyers originairement convenus;

« Attendu que, *les baux ayant été résolus de plein droit*, leurs stipulations quant à la fixation des loyers avaient cessé d'être obligatoires, et que l'arrêt attaqué a pu refuser de les appliquer à la jouissance postérieure des sieurs Crest et Bernardin, sans violer ni la loi du contrat ni l'article 1134, Cod. Nap.;

« Attendu que les principes de la tacite reconduction ne sont pas plus appli-cables à l'espèce; que si les sieurs Crest et Bernardin sont restés dans les lieux loués depuis le jugement d'expropriation, ils y sont restés comme contraints et forcés et parce que la ville leur contestait le droit d'en sortir; que l'on ne sau-rait donc induire de cette possession le commun accord des parties que la loi sup-pose lorsqu'elle attache à la jouissance continuée par le locataire depuis l'expira-tion du bail l'effet d'un renouvellement aux conditions originairement convenues;

Attendu dès lors que la possession conservée par les sieurs Crest et Bernardin n'a été qu'un fait ne se rattachant à aucune convention, et dont les juges du fond avaient tout pouvoir pour apprécier et régler les conséquences;

« Que l'arrêt attaqué n'a pu dès lors violer aucune loi en fixant ainsi qu'il l'a fait l'indemnité due par la Ville et que cette fixation, basée sur les cir-constances de la cause souverainement appréciée, échappe à toute censure;

« Qu'il suit de là que la Cour de Paris, loin de violer les dispositions de la loi qu'invoque le demandeur, en a fait au contraire une juste et saine application;

« Rejette; etc. »

La Cour de cassation a persévéré dans cette application de la loi du 3 mai 1841 et des principes en matière d'expropriation pour utilité publique. On peut consulter les arrêts des chambres civile et des requêtes du 20 janvier, du 9 mars, du 20 juin, du 4 juillet, du 9 août 1864 et du 2 août 1865, qui reproduisent les considérants de l'arrêt du 16 avril 1862. Les deux derniers déclarent que le *principe de la résolution immédiate des baux est désormais certain.* Voici comment l'arrêt du 2 août 1865 formule cette doctrine :

Arrêt de la Cour de cassation du 2 août 1865.

« Attendu, en droit, que c'est un *principe certain et désormais hors de toute contestation* que le jugement d'expropriation, ou la cession amiable qui en est l'équivalent lorsqu'elle a été précédée d'une déclaration d'utilité publique, a pour *effet immédiat et nécessaire de résoudre les baux,* comme tous les droits dont peut être grevé l'immeuble exproprié et par suite d'ouvrir au profit des *locataires* le droit à une *indemnité* d'éviction.......

« C'est à *l'expropriation légalement prononcée*, et non au fait matériel de la dépossession actuelle, que s'attachent — et la résolution des baux, comme de tous les droits dont peut être grevé l'immeuble exproprié, — et le droit pour le *locataire* de réclamer *immédiatement* une indemnité;

« Les déclarations par lesquelles l'administration s'engage à maintenir les baux jusqu'à leur expiration ne sauraient suspendre ou empêcher les effets légaux de l'expropriation...

« Ces déclarations ne sauraient lui conférer le droit de retenir les locataires malgré eux dans les lieux loués. Le bail résolu pour l'expropriant par l'effet du jugement ou du contrat amiable que lui a transmis la propriété, *est également résolu de plein droit pour le locataire.* Il répugnerait au principe d'égalité — qui, à défaut de convention contraire, est dominant dans tout contrat synallagmatique, — que l'administration pût, en s'abstenant de procéder à l'éviction, obliger les locataires à rester dans les lieux loués jusqu'à l'expiration des baux, quand ceux-ci, après l'expropriation, n'ont pas, incontestablement, le droit, en renonçant à l'indemnité, de contraindre l'administration à les laisser en possession. »

Cette doctrine est implicitement ou explicitement consacrée ou constatée par des arrêts de la chambre civile et de la chambre des requêtes des 28 mars, 16 juin 1867, 18 mai, 26 août 1868, 22 mars 1870, et de la Cour de Paris du 14 janvier 1873.

§ 10

LA RÉSOLUTION IMMÉDIATE DU CONTRAT DE LOCATION PAR L'EFFET DU JUGEMENT D'EXPROPRIATION DOIT S'APPLIQUER AUX BAUX SANS ÉCRITS COMME AUX BAUX ÉCRITS.

Les raisons de droit sur lesquelles s'appuie le principe de la résolution du contrat de location par le seul effet de l'expropriation de l'immeuble pour utilité publique, s'applique au contrat même, quel que soit le mode autorisé par la loi qui ait été employé pour constater la convention ; il suffit, pour s'en convaincre, de relire l'arrêt de la Cour de cassation, Chambre des requêtes, du 16 avril 1862, et celui du 2 août 1865 de la Chambre civile, tous deux ci-dessus transcrits dans le § 9.

L'article 1714 du Code civil déclare expressément « qu'on peut louer par écrit, ou *verbalement*. » L'article 1736 dispose que « si le « bail a été fait *sans écrit*, l'une des parties ne pourra donner congé « à l'autre qu'en observant les délais fixés par l'usage des lieux. »

La durée du bail fait *sans écrit* est donc soumise à une règle légale.

Mais la résolution de ce bail, comme de tout autre, se trouvant opérée par le seul effet du jugement d'expropriation, il n'y a plus lieu à l'application de l'article 1736, car *le congé n'est plus possible*.

Il n'est pas loisible au locataire *sans écrit* d'imposer à l'expropriant la continuation de sa jouissance, pendant le délai fixé par l'usage des lieux, ni à l'expropriant de contraindre ce locataire à payer pendant le même délai le prix stipulé tel qu'il résulte des quittances des termes précédents. Or, le congé donné par ce *locataire* aurait pour effet d'obliger l'expropriant, que le jugement a mis en possession immédiate de l'immeuble, à souffrir l'occupation des lieux jusqu'à l'expirations des délais d'usage ; et le congé donné par l'*expropriant* aurait pour effet d'obliger ce locataire à continuer le paiement du prix de location pendant la durée résultant de ces délais d'usage.

Ainsi l'expropriant ne serait plus libre de donner immédiatement à l'immeuble la destination d'intérêt public qui est la condition essentielle de l'expropriation prononcée par l'autorité judiciaire.

L'expropriant n'est pas un acquéreur ordinaire tenu à l'observation des baux écrits ou verbaux. Il est tenu à l'indemnité à partir du jour même du jugement d'expropriation ; et le droit à cette indemnité est ouvert au profit du locataire à partir du même jour.

Il n'est pas permis à l'expropriant de se délier de l'obligation légale de payer l'indemnité, en donnant congé pour le terme d'usage au locataire par bail verbal, pas plus qu'il ne lui serait permis de se délier de son obligation légale d'indemnité envers un locataire par bail écrit, authentique ou non, en le maintenant en jouissance jusqu'à la fin du bail stipulé (arrêt du 16 avril 1862, pages 13 à 16 ci-dessus).

§ 11

PRATIQUE DE L'ADMINISTRATION DE LA VILLE DE PARIS ENVERS LES LOCATAIRES SANS BAIL ÉCRIT.

Contrairement à ces principes incontestables, qui sont la conséquence forcée de la résolution des baux par l'effet du jugement d'expropriation, l'administration a pris l'habitude de faire signifier des congés aux locataires dont les baux ont été faits sans écrit, selon la faculté expressement libellée par l'art. 1714. Elle s'attribue ainsi les droits accordés au propriétaire par l'art. 1736, et prétend se trouver déliée vis-à-vis du locataire, pourvu qu'elle observe dans son congé les délais fixés par l'usage des lieux.

Les exploits de signification sont ordinairement formulés ainsi :

« Signifié et déclaré à M.... que l'exécution de (l'indication des travaux d'intérêt public) nécessite la démolition de la maison occupée par le sus-nommé ;

« C'est pourquoi mon requérant lui donne par ces présentes, congé des différentes localités qu'il occupe dans ladite maison pour le terme de (Janvier 187.) faisant au locataire susnommé sommation de quitter les lieux le (1er janvier) en satisfaisant à toutes les obligations imposés aux locataires sortants ;

Que ce congé signifié dans les termes de droit ne peut donner lieu à aucune indemnité ;

« Que cependant M. le préfet, ne voulant pas laisser à la charge des locataires les frais de leur déménagement, veut bien lui offrir par ces présentes la somme de... représentant un terme de loyer, d'après la déclaration du propriétaire ;

« Laquelle somme sera payée à la caisse municipale de Paris sur l'avis qui en sera donné avant le (1er janvier) pourvu que le susnommé ait déclaré accepter ladite offre avant le (1er octobre) terme de rigueur ; laquelle acceptation résultera suffisamment de la signature mise à la suite de la mention se trouvant au bas des présentes ;

« Déclarant qu'à défaut d'acceptation dans le délai ci-dessus, mon requérant entend retirer son offre, tout en maintenant le congé qui devra, dans tous les cas, recevoir son exécution. »

(La formule préparée pour l'acceptation au bas de la copie signifiée est ainsi conçue :)

« Je soussigné déclare accepter le présent congé ainsi que l'offre y contenue. Paris le...... »

L'administration paraît avoir souvent réussi, vis-à-vis des locataires dont les baux avaient été faits sans écrit, à s'exonérer de l'indemnité due à raison de l'expropriation.

Mais quelques-uns ne se laissent point aller à accepter le congé illégal et l'offre arbitraire par laquelle l'administration prétend remplacer la procédure régulière relative à l'indemnité. Ces locataires se présentent devant le jury. L'administration subit leur intervention, et conclut à ce qu'il soit fixé au profit du locataire une indemnité d'éviction, mais hypothétiquement, seulement pour le cas où il serait jugé par les tribunaux compétents que le locataire n'a pas été régulièrement congédié et qu'il a les mêmes droits qu'un « locataire à bail. »

L'administration, quand elle emploie cette expression « locataire à bail, » lui donne un sens restreint que n'autorise pas le texte du Code civil. En effet, le nom de *bail* désigne le contrat de location des maisons sous toutes ses formes, ainsi que cela résulte du titre sur le contrat de louage et notamment du libellé des articles 1709, 1711, 1714, 1736.

Les décisions du jury sont ordinairement ainsi formulées :

« Fixe et arrête à la somme de.... l'indemnité due au sieur... à raison de son éviction des lieux qu'il occupe, mais hypothétiquement seulement et pour le cas où il sera jugé par les tribunaux compétents qu'il n'a pas été régulièrement congédié. »

(Quelquefois les décisions ajoutent :)

« Et qu'il a droit à une indemnité; »

D'ailleurs, quelle que soit la formule, il est certain que le point réservé par la fixation hypothétique de l'indemnité, c'est la question de savoir si, en donnant congé dans les termes d'usage au locataire dont le bail a été fait sans écrit, l'expropriant peut s'exonérer de l'indemnité qui est la condition de l'expropriation pour utilité publique et se conduire comme s'il était un simple acquéreur agissant dans un intérêt privé.

L'administration exprime formellement cette prétention en déclarant, dans l'exploit signifié au locataire, que « ce congé ne donne pas lieu à indemnité. »

Mais lors même qu'on voudrait s'attacher à la formule restreinte de l'hypothèse « pour le cas où il serait jugé que le locataire n'a pas été régulièrement congédié, » le tribunal, appelé à décider si l'indemnité, dont le chiffre seul a été fixé par le jury, doit être attribuée au locataire, devrait reconnaître que, par la formule signifiée à la requête de la Ville, il n'a pas été « régulièrement congédié. »

En effet, si le congé était *légal*, il serait *régulier* quelles que fussent les expressions employées, car il n'y a pas de formes sacramentelles; et si le congé est illégal au fond, l'observation la plus exacte des règles applicables à la forme des congés légaux ne pourra pas le régulariser, en faire un congé régulier.

Dans la pratique, l'administration donne le congé tantôt *après*, tantôt *avant* le jugement d'expropriation.

Or, le congé donné *après* le jugement d'expropriation n'est autorisé par aucune loi; car le congé suppose un bail, écrit ou non, et les baux authentiques, sous seing privé, enregistrés ou non, ou faits sans écrit, ont été résolus par l'effet du jugement d'expropriation. Plus de contrat de location, plus de bail, plus de congé possible.

Le congé donné par l'administration *avant* le jugement d'expropriation, comme il arrive à l'administration d'en faire signifier, est nul, sans valeur, et irrégulier, parce que l'administration ne peut pas même prétendre avoir qualité pour congédier un locataire à une époque où elle n'est que l'instrument de l'expropriation future; elle préside aux formalités déterminées par la loi pour exécuter l'ordre émané du pouvoir législatif ou administratif, relatif aux travaux publics, et celles nécessaires pour arriver à l'expropriation qui sera poursuivie par le ministère public, et qui sera ordonnée par le pouvoir judiciaire. Dans telle circonstance imprévue, il pourrait se faire que le congé eût été donné et qu'il ne fût jamais prononcé de jugement d'expropriation. La maison n'aurait jamais cessé d'appartenir au propriétaire, qui seul aurait pu avoir le droit de congédier un locataire.

§ 12

JURISPRUDENCE SPÉCIALE DE LA COUR DE CASSATION.

La Cour de cassation ne s'est pas prononcée explicitement sur la question de savoir si le locataire par bail verbal, sans aucune convention écrite, peut avoir droit à l'indemnité par le seul fait de la résolution de bail résultant du jugement d'expropriation, tout comme le locataire en vertu d'un bail écrit ayant, ou non, date certaine; ou si, au contraire, le locataire par bail purement verbal resterait, malgré le jugement d'expropriation, à la discrétion de l'expropriant qui pourrait se débarrasser de l'indemnité en lui donnant congé conformément à l'usage des lieux.

Nous trouvons bien un arrêt de la Cour de Paris du 20 décembre 1872 (1) qui tient le principe pour admis, en disant dans son premier motif: « Considérant que le locataire n'a droit à une indemnité qu'au- « tant que sa *jouissance* ayant été interrompue par le fait d'expropria- « tion, *il a été dépossédé de son bail*; que dans l'espèce il n'en a point « été ainsi puisque Dubain, qui n'avait pas de bail écrit, a reçu congé « le 29 juin 1867 pour le 1er octobre suivant; qu'il est resté dans les « lieux jusqu'au 8 dudit mois, c'est-à-dire jusqu'à l'expiration du « temps de jouissance à laquelle il avait droit. »

Mais cette doctrine n'est consacrée par aucune décision catégorique de la Cour de cassation. Cependant les plus récents arrêts qui touchent à la question, sans avoir eu à la résoudre, indiquent une opinion conforme à celle que nous soutenons.

Ainsi la Chambre civile, par deux arrêts identiques des 5 avril et 19 novembre 1873, affaires Beshard et Bidaut contre la ville de Paris, a déclaré qu'il suffit que le locataire soit connu de l'expropriant par la notification que lui en a faite le propriétaire, « pour que l'interven- « tion de ce locataire doive être admise devant le jury nonobstant le « défaut d'offres réelles et de citation de la part de l'expropriant; « sauf, en cas de contestation sur son droit à l'indemnité, à renvoyer « le jugement du fond aux juges compétents et à faire fixer par le « jury une indemnité hypothétique. »

Il est clair que si l'expropriant déclarait au locataire, en lui signifiant congé, qu'il connaît le fait de la location verbale sans écrit, le cas serait le même que celui de la connaissance acquise par notification.

---

(1) Dalloz, table de 22 années, V° EXPROPRIATION.

Dans les deux cas, la Cour de cassation ne pourrait pas reconnaître le droit du locataire sans écrit à l'intervention devant le jury, si elle pensait qu'il ne pût pas se trouver compris par la loi dans la classe des ayants droit à indemnité. Si la prétention à intervenir était manifestée par un personnage légalement étranger à la classe des ayants droit à indemnité, supposons un voisin, la Cour de cassation jugerait que le magistrat directeur du jury a eu raison de lui refuser l'intervention.

C'est donc parce que la qualité de locataire, à n'importe quel titre, suffit pour rendre possible un droit à indemnité, que la Cour de cassation, chambre civile, juge que l'on ne doit pas écarter l'intervention du locataire quelconque devant le jury, seul apte à fixer le chiffre de l'indemnité, sauf à réserver aux juges compétents la décision de la contestation de l'expropriant sur le droit du réclamant.

La chambre des requêtes, en rejetant un pourvoi le 12 août 1872, dans une affaire Lucotte contre le préfet de la Seine (1), nous paraît avoir manifesté indirectement une opinion favorable à la réclamation d'une indemnité par le locataire sans écrit qui avait reçu congé suivant l'usage des lieux. La Cour de cassation, en effet, en exposant avec soin le *fait relaté par le procès-verbal* des opérations du jury, et les *conclusions restreintes* constatées par les *qualités de l'arrêt attaqué*, semble regretter que les *faits et la procédure* n'aient pas étendu le terrain du débat de manière à lui permettre de juger la question fondamentale du droit à l'indemnité résultant du seul fait de la résolution du bail par le jugement d'expropriation, sans qu'il soit nécessaire d'attendre le trouble matériellement apporté à la jouissance du locataire.

Voici le texte de l'arrêt :

« La Cour, attendu que le *procès-verbal* des opérations du jury d'expropriation convoqué à l'effet de fixer l'indemnité réclamée par le demandeur constate :

« 1° Que c'est en donnant acte à la ville de Paris des conclusions prises en son nom que le magistrat directeur du jury a dit que l'indemnité au profit du demandeur serait fixée hypothétiquement et pour ne lui être attribuée qu'au cas seulement où il serait jugé par le *tribunal compétent* que, bien qu'il n'ait pas été troublé dans sa jouissance, il avait cependant droit à une indemnité parce qu'il avait été *irrégulièrement congédié* ;

« 2° Que c'est *dans ces termes* que la demande de Lucotte et les offres de la ville ont été débattues devant le jury et que le jury, a fixé hypothétiquement, au profit du demandeur, une indemnité de 5.000 francs ;

« Attendu, d'autre part, que le demandeur s'est *borné*, en appel, à conclure qu'il plût à la Cour lui faire attribution définitive de l'indemnité qui lui a été attribuée hypothétiquement par le jury, aux termes de la décision intervenue dans sa session du 25 avril 1868 ;

---

(1) Dalloz. 1872, table, v° EXPROPRIATION PUBLIQUE, n° 10.

« Que, *dans cet état des faits de la procédure*, la Cour d'appel a dû, comme elle l'a fait, se renfermer dans la vérification du point de savoir si le demandeur avait été *régulièrement* congédié ou non ;

« Attendu que l'arrêt attaqué déclare que le congé donné au demandeur, à la date du 17 janvier 1867, l'a été valablement et régulièrement, et que, en refusant par suite de lui attribuer l'indemnité fixée seulement pour l'hypothèse contraire, l'arrêt n'a pu violer les dispositions de loi visées par le pourvoi ; — Rejette. »

Ainsi la Cour de cassation juge que, *dans l'état des faits et de la procédure*, la Cour d'appel n'avait été saisie que d'une question de validité et de régularité de congé et qu'elle n'avait pas pu juger autre chose.

La Chambre des requêtes aurait donc été disposée à donner une solution sur le fond du droit, si ce fond du droit eût été expressément soumis à la Cour d'appel par les conclusions de la partie. Par exemple, si, au lieu de borner ses conclusions à demander l'attribution définitive de l'indemnité fixée hypothétiquement par le jury, la partie avait posé la question tout entière devant la Cour d'appel ; si elle avait conclu à ce que la Cour d'appel déclarât que l'expropriant avait eu tort de méconnaître le droit du locataire et de demander la fixation d'une indemnité hypothétique, soumise à une validité de congé; si elle avait conclu à ce que la Cour d'appel jugeât que le droit du locataire était ouvert à l'instant même du jugement d'expropriation.

Alors, en effet, la Cour d'appel aurait été tenue de juger sur le *droit* du locataire, au lieu de se borner à juger sur l'événement d'une hypothèse déterminée, et, en conséquence, la Cour de cassation aurait eu à statuer sur une question de droit, au lieu de se trouver en face d'une solution de question de fait, solution souverainement prononcée par la Cour d'appel, sans révision possible par la Cour de cassation.

§ 13

CONCLUSION.

La question du droit à l'indemnité pour le locataire dont le bail a été fait sans écrit n'a pas été, à notre connaissance, jugée *in terminis* par la Cour de cassation. Ce droit du locataire résulte de la résolution du bail opérée par l'effet du jugement d'expropriation. Mais jamais, jusqu'à ce jour, on n'a soumis à la Cour de cassation la décision sur cette thèse que nous soutenons : La résolution *de plano* s'applique au bail sans écrit comme au bail écrit, et le congé donné par l'expropriant ne peut pas détruire l'effet de cette résolution.

Or, nous avons démontré, par des raisons qui nous semblent péremptoires, que le bail, n'étant soumis par la loi à aucune solennité dans la forme, constitue entre le bailleur et le preneur le même contrat quand il n'est constaté par aucun écrit, que lorsqu'il est prouvé par un écrit ayant ou non date certaine.

La lecture de trois articles du Code civil suffirait à cette démonstration :

Aʀᴛ. 1709. Le louage des choses est un contrat par lequel l'une des parties s'oblige à fait jouir l'autre d'une chose pendant un certain temps, moyennant un certain prix que celle-ci s'oblige de lui payer.

Aʀᴛ. 1711. On appelle bail à loyer le louage des maisons et celui des meubles.

Aʀᴛ. 1714. On peut louer ou par écrit ou verbalement.

Nous avons démontré que le contrat de bail, défini et dénommé par les articles 1709 et 1711 du Code civil, prend fin à l'heure même où le jugement d'expropriation pour cause d'utilité publique fait sortir l'immeuble du domaine privé pour le placer dans le domaine public avec une destination spéciale fixée par le pouvoir législatif et le pouvoir administratif, sans qu'on puisse le détourner de cette destination ; qu'en conséquence il n'est pas loisible à l'administration publique d'agir à l'encontre du locataire comme le pourrait faire un propriétaire lié par un contrat de bail, de faire revivre ce contrat légalement détruit, et de profiter de la forme, réglée par la loi et par l'usage des lieux, pour maintenir à son gré la location ou la faire cesser, tandis que le locataire n'aurait pas le droit corrélatif de conserver sa jouissance.

On ne doit point oublier que la raison décisive de la résolution du bail, à la date et par l'effet du jugement d'expropriation, est que cette résolution immédiate est le seul moyen que l'existence du bail ne soit point un obstacle à ce que l'immeuble reçoive la destination d'utilité publique, qui seule motive et justifie l'exception au droit commun de la propriété, permettant l'expropriation sans le consentement de tous ceux qui ont un droit quelconque sur l'immeuble.

On ne doit point oublier que le locataire est nommément compris, par la loi spéciale de 1841, parmi les ayants droit à l'indemnité préalable, condition essentielle imposée par la loi civile et par les lois constitutionnelles au sacrifice des droits et des intérêts privés, en vue de l'intérêt public ; et que cette loi de 1841, en employant le mot *locataire*, ne fait aucune distinction entre les locataires dont le contrat est écrit et ceux qui n'ont point de bail écrit.

En conséquence, les tribunaux auxquels pourra être soumise la validité d'un congé donné par l'expropriant devront le déclarer nul s'il a été signifié *après* le jugement d'expropriation, parce que ce jugement n'attribue pas à l'expropriant la possession de l'immeuble en qualité de propriétaire à titre privé, et que, à dater de ce jugement, il n'y a plus de contrat de location.

Le congé devra aussi être déclaré nul s'il a été donné *avant* le jugement d'expropriation, parce que, à cette époque, le propriétaire de l'immeuble n'est pas encore dessaisi de son droit, et le futur expropriant n'a encore aucune qualité lui donnant un droit quelconque sur l'immeuble.

Henry CELLIEZ.